JN086500

東京書籍
リクルート
ライフイズテック
スイッチエデュケーション

75

デジタル教育にかかわる会社

職場体験完全ガイド 会社員編 もくじ ·····························

＊本書掲載の内容は2021年3月末現在のものです。

この本で紹介している企業の「SDGsトピックス」について

●わたしたちが地球にくらしつづけるために、企業としてできること

SDGsは2015年に国連で採択された、「持続可能な開発」のための国際社会共通の目標です。「持続可能な開発」とは、未来の世代がこまることのないように、環境をまもりながら現在の世代の要求を満たしていくことです。2016年から2030年の15年間で、17の目標の達成をめざすことが決められました。採択には日本をふくむ150以上の国連加盟国の首脳が参加しました。

SDGsは世界共通のものさしであり、国、組織、企業、学校、個人などそれぞれの立場で目標に取りくむことが可能です。企業には、その社会における責任をはたすために、技術や知恵、資金をいかして課題の解決に取りくむことが期待されています。とりくみを進めることで企業価値が高まり、新たな事業が生まれるという利点もあります。

この本では、環境保護や社会貢献活動といったサステナビリティ（持続可能性）を重視する企業を取材し、その企業がとくに力を入れているとりくみや、みなさんに知ってほしいトピックスを選んで紹介しています。

SDGsの17の目標

SUSTAINABLE DEVELOPMENT GOALS

目標1
貧困を
なくそう

目標2
飢餓を
ゼロに

目標3
すべての人に
健康と福祉を

目標4
質の高い教育を
みんなに

目標5
ジェンダー平等を
実現しよう

目標6
安全な水とトイレ
を世界中に

目標7
エネルギーをみんなに
そしてクリーンに

目標8
働きがいも
経済成長も

目標9
産業と技術革新の
基盤をつくろう

目標10
人や国の不平等
をなくそう

目標11
住み続けられる
まちづくりを

目標12
つくる責任
つかう責任

目標13
気候変動に
具体的な対策を

目標14
海の豊かさを
守ろう

目標15
陸の豊かさも
守ろう

目標16
平和と公正を
すべての人に

目標17
パートナーシップで
目標を達成しよう

東京書籍
とうきょうしょせき

教育文化局 教育事業本部 ICT 制作部
アイシーティー せいさくぶ

豊泉晶さんの仕事
とよいずみしょう

東京書籍は東京都北区に本社がある、学校用の教科書や参考書をはじめとする書籍を
きたく
発行している出版社です。ここでは、学校で使用する社会科のデジタル教科書の編集
しゅっぱんしゃ　　　　　　　　　　　　　　　　　　　　　　　　　　　　　　　　　へんしゅう
者として活躍している豊泉晶さんの仕事をみていきましょう。
しゃ　　かつやく

豊泉晶さんのはたらく会社 東京書籍

東京書籍は、「教育と文化を通じて人づくり」の企業理念で、教育の根幹となる教科書の制作・発行を中心として、さまざまな教材や書籍をつくっている会社です。近年ではデジタル教材の開発や教育総合サイトの運営、オンラインでの教材提供なども行っています。

東京書籍株式会社
本社所在地 東京都北区 **創業** 1909年 **従業員数** 約500名（2020年12月現在）

よりよい教科書づくりを中心に、デジタル教材の開発も推進

　教科書は、学校での勉強の中心となる大事なものです。東京書籍では、「よりよい教科書を多く発行して、未来をになう人材を育成する」という考えのもと、小学校、中学校、高等学校の教科書や、教師用の教科書指導書をつくっています。国内の出版社で教科書の刊行点数がもっとも多く、とくに小学校の算数、社会や、中学校の社会、英語の教科書などは国内でいちばん使われています。

　近年では、時代の流れにあわせて、デジタル教科書やデジタルコンテンツの開発も行っています。

▲▼小・中・高校のほぼ全教科の教科書をつくっています。授業づくりの参考になるよう、学習のめあてや課題をわかりやすくのせるなど、教師側の要望もとりいれています。

◀デジタル教科書には、動画やアニメーションなど、デジタルの特性をいかしたコンテンツをもりこみ、子どもたちの学びを深めるためのくふうがされています。

学習をより深めるための学習参考書や辞典を刊行

　学校の予習復習や受験勉強など、学習に役だつ参考書や辞典を数多くつくっています。教科書をつくっている会社ならではの視点から、授業を理解するためのポイントや、試験に出るポイントなどが解説されています。

▶中学生、高校生向けの英語の辞典（英和辞典、和英辞典）や古語辞典など学習辞典も充実しています。

▲教科書の要点をコンパクトにまとめたものや、テスト対策など、用途に合わせた教材で学びをサポートします。

学習意識を調査し、子どもたちの学力向上にいかす

子どもたちがどれだけ学校の授業を理解できているのかを診断するテストや、勉強に対する意識を知るための調査を行っています。

調査結果から学習のつまずきのポイントや課題などが分析され、先生たちがより適切にフォローアップするための資料となります。

▲学力テストや勉強への意識調査のほか、体力調査や、学校の先生の仕事の調査など、さまざまな調査を行っています。

知的好奇心を刺激するバラエティに富んだ書籍を刊行

学校の勉強にかかわる書籍だけでなく、小説や実用書、図鑑など、知的好奇心を刺激する書籍を、たくさん刊行しています。おとなから子どもまで多くの人が、楽しく学ぶことができるテーマにこだわっています。

▲▶排泄を科学的にとりあげた図鑑（左上）や、SNSの安全を教える本（右上）、「興味深い数字」をテーマにした美しい写真集（右）など、さまざまなジャンルの書籍をつくっています。

東京書籍のSDGsトピックス》

4 質の高い教育をみんなに

持続可能な社会について考えるためのウェブサイトを運営

東京書籍は、「Edu Town SDGs」という小・中学生向けのウェブサイトを運営しています。ウェブサイトでは、SDGsの考えかたの基本をていねいに説明しています。さらに自分の興味や関心のある目標について、さまざまな会社や団体のとりくみの例を、インタビュー記事や動画を通じて知ることができます。

未来を生きる子どもたちがSDGsについて学ぶことで、だれもがゆたかで幸せにくらせる社会を考えるきっかけにしてもらいたいというのが目的です。

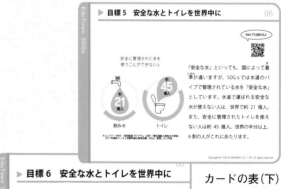

カードの表（下）とうら（上）。うらがヒントになっています。

SDGsカード。SDGsの各目標が、ほかのどの目標と関連するかを考えるのに役だちます。

東京書籍

教育文化局 教育事業本部 ICT制作部
豊泉晶さんの仕事

豊泉さんは、学校で使うデジタル教科書をつくる仕事をしています。タブレットなどで使うデジタル教科書は、紙の教科書をデジタル化して、学びがより深まるよう、動画や音声、アニメーションなどを使った「しかけ」がほどこされたものです。豊泉さんは、その「しかけ」を考えてつくっています。

コンテンツの方針を考える

■デジタルならではの「しかけ」を考える

デジタル教科書には、紙ではできない、さまざまな「しかけ」がほどこされています。タブレット画面の図やイラスト、写真などをタップ*すると、図やイラストが大きくなったり、教科書に出てくる人のインタビュー動画やアニメーションを見ることができたり、教科書にはない情報を見ることができます。

このような、動画やアニメーションといったデジタルならではの「しかけ」をコンテンツとよんでいます。これらのコンテンツをつくるのが豊泉さんのおもな仕事です。

社内の別の編集部門でつくられる紙の教科書が形になると、デジタル教科書づくりもスタートします。

■どんなコンテンツを入れるか考える

豊泉さんは社会科のデジタル教科書を担当しています。

デジタル教科書では紙の教科書の内容だけではなく、コンテンツも見ることができます。▼

紙の教科書の内容を見ながら、どのようなコンテンツをつくるのかを考えます。▶

　＊タブレットやスマートフォンなどの画面を指で軽くたたく動作のことです。

紙の教科書ができてくると、その原稿などの資料をもらいます。

それを見ながら、デジタル教科書のどの部分にどのようなコンテンツを入れると、子どもたちにとってわかりやすくなるのか、また学校の先生が授業をしやすくなるのかなどについて考えます。

コンテンツは、一人で考えるわけではありません。デジタル教科書の編集チームで話しあったり、紙の教科書の編集者に意見を聞いたりします。

また、デジタル教科書をじっさいに使っている人の声なども参考にしながら、つくるコンテンツの方針を立てていきます。

▲ デジタル教科書の編集チームが集まって、コンテンツのアイデアや意見を出しあいます。

コンテンツをつくる

■コンテンツの内容を具体化する

つくるコンテンツの方針を決めたら、次にくわしい内容を考えていきます。教科書のほか、自分で集めた資料なども参考にして、図をアニメーションにするのか、アニメーションなら、どんなふうに動かしたらいいのかなど、具体的に考えていきます。

たとえば、ある漁業のやりかたについて、紙の教科書では、やりかたの一場面がイラストで掲載されています。デジタル教科書でこのイラストをアニメーションにする場合、その前後の場面も必要になります。そのため、その漁業のやりかたについて調べて、どんな図が必要なのか、コンテンツのラフ*を描きます。また、インタビュー動画を入れる場合は、どんなことを聞くのか質問内容を考えます。

一本一本のコンテンツについて、ラフなどをつくったら、じっさいのコンテンツの制作に入ります。

教科書だけではなく、辞典、図鑑などさまざまな資料を参考に、アニメーションの動きを考えます。

教科書に描かれた図を見ながら、図をアニメーションで動かすためのラフを描いていきます。

*ページの構成や内容を大まかに描いた下描きのことです。

■制作会社と打ちあわせをする

アニメーションやインタビュー動画などのコンテンツの制作は、それぞれ専門の制作会社と協力してつくります。

豊泉さんは、つくったラフや紙の教科書などを制作会社のスタッフに見せながら、どんなコンテンツをつくりたいのかを説明します。制作会社と意見を交換し、調整を加えて制作に入ります。

ここからは、動画コンテンツの場合を例に、制作の流れを紹介します。

■台本の内容を確認する

制作会社から、動画の絵コンテ＊や台本がとどきます。豊泉さんは、ねらいどおりの内容になっているか、わかり

動画制作会社のディレクターと台本の打ちあわせをします。最近はオンラインで行うことが多くなりました。
▼

やすいか、まちがっているところはないかなどをチェックし、内容をよりよいものにしていきます。こうして何回かやりとりをして台本が完成します。

■撮影現場に立ちあって確認をする

撮影に立ちあい、思ったとおりの動画がとれているかを確認することも大事な仕事です。撮影現場に行ってみてはじめてわかることや気づくことも多いため、その場の判断で、撮影してほしいポイントをスタッフに伝え、よい動画がとれるようにします。

▲
撮影の現場では、ディレクターとカメラマンに撮影したい動画のイメージを伝えます。

また、インタビュー動画の場合は、自分がインタビュアーになって、農家の人などインタビューの対象者に話を聞きます。

■動画に音声を入れる

動画にナレーションが入る場合は、動画の編集のあと、スタジオで録音を行います。

ナレーションは、プロのナレーターに読みあげてもらいます。豊泉さんは、録音に立ちあい、聞きとりやすい声の調子やスピードになっているか、読みまちがいはないかなどを確認します。

制作会社からとどいた台本に、修正指示を入れます。
▼

手前の人物は、音声機材を操作するミキサーです。声優のナレーションを聞いて、気になる点を伝えます。
▶

　＊撮影する動画の各カットを、絵と説明文で表したものです。

■できたコンテンツを確認する

一つひとつのアニメーションや動画コンテンツができあがると、それぞれにまちがっているところや、わかりにくいところはないかなどを、チェックします。問題点がある場合は、修正を依頼し、解決していきます。

できあがったコンテンツを一つひとつチェックしています。

■コンテンツをデジタル教科書に組みこむ

コンテンツができあがると、制作会社に依頼し、それらをデジタル教科書に組みこむ作業を行います。全部のデータの組みこみが終わると、デジタル教科書ができあがります。

最終確認をする

■できあがった教科書をデバッグする

デジタル教科書ができあがったあと、最後にデバッグとよばれる作業を行います。デバッグとは、じっさいにデジタル教科書を使ってみて、動作などに不具合がないかを確認する作業のことです。

学校でじっさいに使われる状況を想定して、大きなスクリーンなども使ってデバッグ作業を行います。すべてのコンテンツについて、一つひとつていねいに確認していくので、とても時間がかかり、集中力のいる作業です。

デバッグ作業で問題があれば修正を依頼します。すべてのコンテンツに問題がなくなったら、デジタル教科書の完成となります。

■次の制作に向けた準備をする

豊泉さんたちデジタル教科書の編集者の仕事は、教科書を完成させて終わりというわけではありません。

完成したデジタル教科書がじっさいに使われはじめると、使いかたや内容について、多くの問いあわせがきます。そうした問いあわせに答えることも、大切な仕事です。

また、デジタル教科書をじっさいに使っている人から、使ってみた感想や意見を集めることも大切です。そうして集めた意見を、次のデジタル教科書づくりに役だてていきます。

電子黒板を使ってデバッグしています。デバッグは集中して行います。

インタビュー

東京書籍の豊泉晶さんに聞きました
・・・・・・・・・・・・・・・・・・・・・・・・・・・・・・

いままでにない新しい教材や表現方法を生みだしたい

1989年富山県生まれ。大学では、社会学部で身体教育学を学び、卒業後に東京書籍株式会社に入社。入社後は、営業の研修をへて、教育用アプリなどをつくるデジタル部門に配属されました。その後、デジタル教科書をつくる部門に異動。現在まで社会科のデジタル教科書を担当しています。

教育にかかわる仕事がしたい

Q この会社を選んだ理由はなんですか?

　父親が学校の先生だったので、もともと教育について興味があり、大学では教育に関係する勉強をしました。

　就職を考えるときも、教育にかかわる仕事がしたいと思っていました。とはいっても、先生になるというよりは、教育にかかわる教材などのものづくりをして、たくさんの人たちに、自分がつくったものをとどけるような仕事がしたいと考えていました。

　就職活動で、いろいろな会社の話を聞いているうちに、教育の基本であり、たくさんの子どもたちにとどけることができる教科書をつくってみたいと思い、この会社に入社を決めました。

12

わたしの仕事道具 🔧

万年筆とバインダー

取材のときにかならず使っています。取材で人に話を聞くときは、つくえではなく、立ったままメモをとることが多いので、バインダーにはさんだメモ用紙に万年筆で書きます。ボールペンなどよりも、万年筆の書き味が好きなので、取材のとき以外でも、ものを書くときに愛用しています。

Q この仕事で印象的だったことはなんですか?

入社1年目の途中で、デジタル教科書の部署に異動し、社会科のデジタル教科書をつくることになりました。社会科の場合、コンテンツをつくるためいろいろな場所に取材に行くのですが、最初の取材はいまでもわすれられません。

場所は真冬の北海道で「しばれフェスティバル」というイベントの取材でした。「しばれる」とは北海道地方の方言で「寒い」という意味です。寒さをいかして観光客をよぶだけでなく、地元の人も楽しもう、というもので、その名のとおり、マイナス20度という寒さのなか、行われるイベントでした。

ものすごく寒いと、いたいと感じるのです。取材で外にいて、とてもいたかったことを覚えています。取材ってこんなにたいへんなことなのかとおどろきましたが、地元の人の熱気や、参加者の楽しそうな様子もじかに感じることができました。じっさいに行ってみてわかることがたくさんある、社会科ならではのおもしろさを、最初の取材で強く実感することができたのはほんとうによかったと思います。この経験はいまも取材にいかされています。

Q 仕事をしていてよかったことは?

いまは新型コロナウイルスの影響でなかなかできませんが、公開授業を見学して、自分がつくったデジタル教科書が、じっさいの授業で使われている様子を見たときです。

こんなふうに使ってほしいと想定したとおりに先生が使ってくれて、子どもたちがデジタル教科書に注目して熱心に授業を受けている様子を見ると、授業の現場で役だっていることが実感できて、ほんとうによかったと思います。

また、営業の担当者を通じて、学校の先生たちや子どもたちから、デジタル教科書のおかげで授業がやりやすくなった、わかりやすくなったなどの意見を聞いたときはほんとうにうれしく思います。

Q 仕事をするうえで大切にしていることは?

わたしたちがつくっているのは学校の現場で使われる教材です。正確で公平に情報を伝えるものでないといけません。このことをいつも意識して仕事をしています。

そのうえで、子どもたちに内容がきちんとわかりやすく伝わり、より深い理解ができるようにするにはどうすればいいかということを、いつも自分自身に問いかけながら仕事をしています。

また、ひとりよがりなものをつくらないようにすることも大事にしています。そのために、同じチームの仲間に、

この内容をどう思うか、この表現はおかしくないか、などの意見をもらうようにします。

また、紙の教科書をつくっている編集者に、コンテンツのラフを見せて、正しく教科書の内容を伝えることができているか、わかりにくいことはないか、などの意見をもらうこともあります。

コンテンツのデバッグ作業では、細かいところにも気を配りながら作業を進めます。

新しいアイデアを生みだすには知識と経験が大切

Q これからの目標はなんですか？

学校の教科書は、これまでずっと紙でした。そこにデジタル教科書などの新しい道具がとりいれられることで、授業や勉強のしかたも変わってきています。

これからも、技術の進歩とともに新しい道具がふえて、勉強のしかたはどんどん変わっていくことでしょう。

その変化をとらえながら、子どもたちがよりよく学ぶことができるような、いままでになかった教材や、新しい表現方法を生みだすことにチャレンジしていきたいと思っています。

Q 子どもたちに伝えたいことは？

東京書籍は、教科書という「もの」をつくっている、ものづくりの会社です。ものづくりで新しいアイデアを出すためには、つくる人がもっている経験や知識が大切です。自分の興味のあることをどんどん広げて深めていってほしいと思います。

世界はとても広く、いろいろな人がいて、いろいろなことが起きています。自分の身のまわりの外に、とても広い世界があることを実感してほしいです。そして、その広い世界に自分から足をふみこんでほしいと思います。

一問一答 Q&A

Q 小さいころになりたかった職業は？	Q 好きな食べものは？
弁護士	肉、とくにローストビーフ

Q 小・中学生のころ得意だった科目は？	Q 仕事の気分転換にしていることは？
国語、体育	家のまわりを散歩、家族と話す

Q 小・中学生のころ苦手だった科目は？	Q 1か月休みがあったら何をしたいですか？
算数（数学）	船旅、語学の勉強

Q 会ってみたい人は？	Q 会社でいちばん自慢できることは？
野田秀樹（劇作家・演出家・役者）	みんな「教育熱心」なところ

東京書籍ではたらく
豊泉晶さんの一日

スタート！

コンテンツ制作に使うためのラフなどを作成します。

デジタル教科書の編集者が集まってコンテンツのアイデアを出しあいます。ほかの人のアイデアにふれることで、視野が広がります。

起床・朝食	家を出て、子どもを保育園にあずける	出社・ラフ作成	新しいデジタル教科書の打ちあわせ	昼食
7:00	8:30	10:00	11:00	12:00

23:30	19:00	18:30	18:00	14:30	13:00
就寝	夕食	仕事終了	帰宅・在宅勤務	動画の撮影	外出

撮影場所から直接自宅にもどり、メールのチェックや明日の予定の確認などを行います。

動画を制作するディレクター、カメラマンと撮影を行います。現場の状況に気を配りながら進めていきます。

コロナ時代のはたらきかた

はたらくすがたを子どもに見せるよい機会に

こまめに連絡をとり会話をするようになった

自分自身も、チームの仲間もテレワークをすることがふえました。オフィスで顔を合わせる機会はたしかにへりましたが、その分こまめに連絡をとりあうようになりました。

社外の方に対しても同様で、電話だったり、オンライン会議だったり、かたちはさまざまですが、以前よりも話をする機会はふえていると思います。

いつもとちがう一面を子どもに見せられる

子どもと仕事の話をすること

もふえました。子どもに仕事をしているすがたを見せると、どんな仕事をしているのか気になるようです。

子どもにとっても、わたしにとっても、いつものすがたとはちがった親の一面を見せられるのはいいことだと思っています。

東京書籍専務取締役の 渡辺能理夫さんに聞きました

自分で何かを調べて考えてまとめる その過程を楽しむ経験を重ねてほしい

ひとことでいえば 「まじめ」な社風です

東京書籍は、一言でいえば「まじめ」な会社です。毎年何千万部もの教科書をみなさんの手元に、まちがいなくとどけるためには、多くのまもらなければいけない手順や決めごとがあります。それをしっかりまもり、課題にまじめにとりくみ、けっして手をぬかない、社員全員がそんなふんいきを共有しています。

いろいろなことが 経験できる会社です

教科書の世界も、デジタル教科書などの新しい動きがどんどん出てきています。これからの教科書は、たとえばゲームソフトのようになるなど、大きく変わっていくかもしれません。

東京書籍では、これまでの教科書の基本はまもりながら、新しいかたちの未来の教科書をつくるためのチャレンジを

つづけています。その意味では、いろいろなことが経験できる会社だと思います。

「勉強」が好きな人は ぜひ来てください

東京書籍は、「勉強」が好きな人に向いていると思います。勉強が好きといっても、学校の成績がよいということではなく、自分で何かを調べて考えてまとめる、そういった過程を楽しめるということです。

学校で勉強する内容は変わることもあります。ですからたくさんの知識をたくわえ深めることは大切ですが、それ以上に、自分から興味をもって、自分で調べること、考えることが楽しいと思える経験をたくさん重ねてもらいたいと思います。

東京書籍には、教科書図書館「東書文庫」があります。国の重要文化財7万4,620点をはじめ、鎌倉時代以降の教科書など貴重な資料が約16万点保存され、教育の研究に使われています。また、建てものは経済産業省の近代化産業遺産＊に指定されています。

　＊日本の近代化に貢献した建造物や機械などが登録されています。

企画・マーケティング

リクルート

プロダクトマネジメント部　小中高プロダクトグループ
鈴木沙織さんの仕事

リクルートは東京都千代田区に本社をかまえ、人生やくらしをゆたかにする情報をもとめる個人と企業をつなぐ場を提供する会社です。ここではリクルートのオンライン学習サービス『スタディサプリ』の企画を担当する鈴木沙織さんの仕事をみていきましょう。

リクルート

リクルート*は、就職・進学、結婚、住宅、旅行、飲食、美容など、必要な情報をもとめる個人と企業が出あう場をつくり、両方に最適な選択肢を提供しています。ここでは出あい・結婚、出産育児、学び、カーライフといったライフイベント領域の事業を紹介します。

株式会社リクルート
本社所在地 東京都千代田区　**創業** 1960年　**従業員数** 4万9,370名（グループ企業をふくむ。2020年3月31日現在）
※ここでは株式会社リクルートの事業のうち、鈴木さんが所属するライフイベント領域の事業（旧株式会社リクルートマーケティングパートナーズ）をとりあげています（2021年1月取材）。

結婚する人たちをサポートする結婚情報サービス「ゼクシィ」

結婚式は、式場選びをはじめ、ドレス、料理、引き出ものなど、決めることがたくさんある、人生における大きなイベントです。リクルートは、1993年に結婚に必要な情報を一冊にまとめた雑誌『ゼクシィ』を創刊しました。『ゼクシィ』ができたことで、以前より手軽に情報を見くらべて、予算におうじた好みの結婚式のスタイルを選べるようになりました。ほかにも、婚活や妊娠・出産・育児などをサポートするさまざまなサービスをサイトや雑誌などで提供しています。

◀▲結婚式に関する情報を紹介するだけでなく、新しい結婚式のスタイルの提案もしています。

▲サイトには中古車選びのポイントや中古車人気ランキングなど、中古車にまつわる情報がたくさん掲載されています。購入後も安心して走行してもらうための保証も充実しています。

国内最大級の中古車情報サイト『カーセンサー』を企画・運営

人生における高額な買いものの一つに車があります。すてきな車との出あいをつくりだすために、お客さま視点でのサービスづくりをめざし、リクルートでは中古車の情報を集め、車種、車名、価格などのさまざまな切り口から、消費者がほしい一台を安心してさがせる中古車情報サイトを企画運営しています。

◀サイトだけではなく、雑誌『カーセンサー』も発行しています。地域ごとに東日本版、首都圏版、東海版、関西版、西日本版の5誌が発行されています。

　＊2021年4月に、株式会社リクルートマーケティングパートナーズをふくめたグループ会社はリクルートに統合されました。

いつでもどこでもだれでも学べる
オンライン学習『スタディサプリ』

オンライン学習サービス『スタディサプリ』は、プロ講師の授業をいつでもどこでも手ごろな値段（ね だん）で受けられるよう、2012年にはじまった動画配信サービスです。いまでは、小学講座から大学受験講座までの講義動画4万本などを配信するサービスに成長しています。学校の進路指導（し どう）や支援（し えん）する教材や、英語を話す力・きく力を身につける教材もあります。

▲▶パソコンやスマートフォンなどを使って、好きな時間に自分のペースで学べるコースから、コーチによるサポートがつくコースなど、多彩（た さい）なサービスが用意されています。自分に合った学習プランを選べます。

◀すべての講義動画にオリジナルのテキストを用意しています。動画とテキストで効果的（こう か てき）に学習することができます。

リクルートの SDGsトピックス（エスディー ジー ズ）»

4 質の高い教育をみんなに

世界じゅうの教育格差（かく さ）をなくしたい
～〝知の流通革命（かくめい）〟の実現（じつげん）をめざす

リクルートでは、教育格差をなくすために『スタディサプリ』の海外版（かいがいばん）『Quipper』（クイッパー）をインドネシア・フィリピンで展開（てんかい）しています。新型（しんがた）コロナウイルスが感染拡大（かんせんかくだい）した2020年は、オンライン学習サービスのニーズが高まり、たとえば、学校閉鎖（へい さ）が行われたインドネシアの首都ジャカルタでは、『Quipper』が政府（せい ふ）の認定（にんてい）サービスとされ、自宅教育（じ たく）が推奨（すいしょう）されました。それによって子どもたちは学校閉鎖中も自宅学習ができるようになりました。

インドネシアの中学校での利用の様子です。各国の教育カリキュラムに合わせた講義動画となっています。

プロダクトマネジメント部　小中高プロダクトグループ [*1]
鈴木沙織さんの仕事

鈴木さんの仕事は、オンライン学習サービス『スタディサプリ』の小学生・中学生向けの講座の商品戦略を立てたり、学習効果を上げるための方法を考えたりすることです。そのための企画づくりや、お客さまにサービスを継続してもらうためのしかけづくりも、開発チームなどと協力して進めていきます。

商品戦略を立てる

■短期と長期の商品戦略を考える

『スタディサプリ』は、小中高校生向けの講座や英会話講座など、さまざまな学習サービスを提供しています。そのなかで、小学生・中学生向け講座のプロダクトマネージャーをしている鈴木さんの仕事は、商品戦略を考えることからはじまります。商品戦略とは、「いつどんな商品を出すのか」「どのくらいの予算が必要でいつ利益が出るのか」「人員はどのくらい必要か」といった商品設計や人員、販売の計画を立てることです。

商品戦略は、半年に1回の短期のものと、2〜3年後を考えた長期のものがあり、鈴木さんは上司に相談しながら、それぞれの戦略を考え、資料をまとめていきます。

■商品戦略の案を経営層 [*2] に提案する

商品戦略の案がまとまると

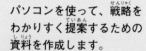

パソコンを使って、戦略をわかりすく提案するための資料を作成します。

経営層に提案を行います。リクルートには『スタディサプリ』以外にもさまざまな事業があり、それぞれの事業が使える予算を、経営層が判断して決めるのです。

鈴木さんは提案する商品にどんな魅力があるか、どのくらい会社の利益になるかなどをプレゼンテーションします。これまでに利益の出た事例な

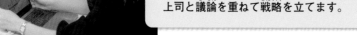

会社がかかげる売りあげ目標に到達するために、どんな商品をいつ出せばよいか、上司と議論を重ねて戦略を立てます。

*1　所属部署は、2021年1月取材時点の旧リクルートマーケティングパートナーズにおけるものです。
*2　企業などの組織においてその経営に責任をもち、指揮・管理を行う立場の人びとのことです。

ど、客観的なデータをもとに、わかりやすくポイントをしぼって伝えます。

プレゼンテーションをくりかえして行い、経営層の承認が得られると、その商品戦略にもとづいて、具体的な商品企画や開発などが進められていきます。

プレゼンテーションでは、経営層から「きちんと利益は出るのか」といったするどい質問が出されるので、納得してもらえるように説明します。

商品企画を練り開発する

■学習効果がより高い商品内容を考える

商品企画の仕事では、まず学習効果がより高くなるように、コンテンツ*の見なおしや変更を考えます。

たとえば中学生の講座では、子どもがより講義に集中できるように、1回の動画の時間を15分から5分に短くするといった変更を企画します。

『スタディサプリ』は学校の授業にそって講義の配信を行っているため、教科書の内容が改訂されると講義の内容も変更する必要があります。そのときに教科書の内容に合わせるだけではなく、たとえばこの機会に英語講座のレベルを上げる、といった企画も考え、上司と相談しながら決めていきます。

■企画を固めて承認をもらう

新しいコンテンツを企画する場合は、子どもたちがそれをどう利用するのか、学習の進めかた（フロー）もあわせて考えます。たとえば、画面のどこに新しいコンテンツを配置すれば子どもたちがまよわずサービスを利用できるのか、登録した子どもたちが最初の1〜2週間どのように利用し、継続して使ってもらうためにはどうすればいいのか、といったことを検討します。

ここで、「何かしかけを入れれば、学習に興味をもって毎日やりたくなるのではないか」と考えたとします。鈴木さんは、ゲーム要素のあるしかけなど、子どもが興味をもちそうなコンセプトをつくり社内のデザイナーやエンジニアなどの開発チームと、10

1年間で80人ほどの保護者にインタビューをして、どんなコンテンツであれば子どもに使わせたいかを聞き、企画に役だてています。

*インターネットなどで提供される文章、音声、映像、アプリケーションなどを使った学習内容やシステムのことです。　21

種ほどの案を出して検討します。オンラインや対面で保護者に見てもらうなどして、どの案であれば子どもが学習に入りこめるのかを話しあいながら案をしぼり、企画を固めていきます。

　開発まで進めるには、経営層による企画の承認が必要です。経営層に提案と修正をくりかえし、承認をもらいます。

■開発チームを指揮して コンテンツを完成させる

　経営層から企画の承認をもらうと、具体的な開発に入ります。鈴木さんは、開発チームにあらためて新しい商品の内容や配信時期、価格などを説明し、開発を進めてもらいます。

　コンテンツの試作ができると、鈴木さんは動画やテキストなどをチェックし、気に

動画の時間を短くすることで学習効果が上がることを保護者にどう説明するとよいかなど、具体的に開発チームと話しあいます。

なった点を伝えます。そして、子どもたちにためしてもらったり、保護者にも意見を聞いたりして、改善を加えていきます。これをくりかえしてコンテンツを完成させます。

商品の改良をくりかえす

■目標が達成されて いるかを確認する

　新しいコンテンツが完成して配信されると、こんどは目標どおりにお客さまの数がふえているのか、サービスを継続してもらえているのかなどを確認します。

　鈴木さんは、社内のデータチームから子どもたちの学習データをもらい分析をします。データには、子どもたちが『スタディサプリ』にログインした頻度や視聴した動画の本数、学習をした時間、問題の正答

率などがあります。鈴木さんはデータを見て、目標が達成されていない場合はその原因を考え、改良します。

■お客さまの声を サービスにいかす

　子どもたちや保護者に、定期的な「学習においてこまっていることはないか」「ほしい機能はあるか」といったアンケート調査も行っています。鈴木さんはアンケートの結果を見て、すぐに改良できる点や子どもたちの成績向上につながる意見があれば、開発

チームに修正を依頼します。お客さまに継続してサービスを使ってもらえるよう、商品の改良をくりかえし行っていきます。

アンケートに「講座のさがしかたがわからない」という意見があったので、画面を確認して、開発チームに相談します。

リクルートの鈴木沙織（すずきさおり）さんに聞きました

『スタディサプリ』でコロナ時代の子どもたちをささえたい

1990年東京都大田区（おおたく）生まれ。大学院卒業後、2014年にコンサルティング会社に就職（しゅうしょく）。その後、2017年にリクルートに転職し、保育園の管理システムの事業戦略の立案（げんざい ぶしょ いどう）を担当していました。2019年10月に現在の部署に異動し、2020年10月にマネージャーに昇格（しょうかく）。社内のイベントでは司会進行役として場をもりあげています。

子どもたちの学びにもっとよりそいたい

Q この会社に入ったきっかけはなんですか？

　いまの会社に入る前はコンサルティング会社ではたらいていました。そこではお客さまである企業（きぎょう）の事業戦略（せんりゃく）を立てて、事業を成功にみちびくお手伝（てつだ）いをしていたのですが、自分はあくまでもサポート役。当事者として、責任（せきにん）をもって事業を動かしたいと転職（てんしょく）を決め、なかでも若手（わかて）に大きな仕事をまかせてくれるリクルートを選びました。

Q 仕事で心に残っていることはありますか？

　2020年は新型（しんがた）コロナウイルス感染症（かんせんしょう）の拡大（かくだい）の影響（えいきょう）で、子どもたちが学校に行けない期間がつづきました。そんな子どもたちや保護者（ほごしゃ）の方から、「『スタディサプリ』のおかげ

で夏休みまでの勉強ができるようになりました」ということばをいただきました。休校期間が新学期開始後もつづいたため、子どもたちの手元には教科書もなく、何を勉強すればいいかわからない状態でした。そんな不安をかかえる子どもたちの役にたてたことが心に残っています。

Q これまででたいへんだったことはなんですか?

やはり感染拡大に関することですが、学校が休校になったことで、『スタディサプリ』の会員数がいっきにふえ、オリジナルテキストの生産が追いつかなくなったことです。テキストが欠品になってしまい、わたしも在庫状況を管理し、販売数量を見なおすなど

わたしの仕事道具 🔧

方眼紙（ノート）

資料をつくるときは、データをグラフ化や図式化して、一目でわかる資料づくりを心がけています。それに欠かせないのが方眼紙です。パソコンでつくる前に、どのような情報をどんな図で見せればいいのか、書いて考えるときに使います。また、企画や戦略を考えるとき、思考の整理をするときにも活用します。

の対応に追われました。これほどの非常事態が起こることをだれも想定していなかったので現場はたいへんでした。

そのため、いつまでこの状態がつづくのか、見とおしを立てながら来期の事業戦略を練っているところです。

Q 今後の目標について教えてください

小学生から高校生の学びに

いっそうよりそっていきたいと思います。勉強ぎらいな子や苦手な子でも、勉強が楽しめて好きになってもらえるサービスにしてきたいですね。さらに、オンラインの特性をいかして、勉強が好きな子には、どんどん自分の関心のあることを学べて、もっと勉強が楽しいと思ってもらえるくふうもしていきたいです。

一問一答

Q&A

Q 小さいころになりたかった職業は?
小学校の先生

Q 小・中学生のころ得意だった科目は?
社会（とくに歴史）

Q 小・中学生のころ苦手だった科目は?
算数

Q 会ってみたい人は?
坂本龍馬（幕末の志士）

Q 好きな食べものは?
おすし

Q 仕事の気分転換にしていることは?
コーヒーを買いにいくこと

Q 1か月休みがあったら何をしたいですか?
南の島で仕事のことを考えたい

Q 会社でいちばん自慢できることは?
仕事好きな人が集まっているので、キラキラしているところ

リクルートではたらく
鈴木沙織さんの一日

スタート！

出社したら、まず今日することを確認して、優先順位を決めます。

学習の流れを手書きで方眼紙に書き、教材の設計案を考えます。あるていど内容を組みたてたらパソコンで作成し、デザイナーに清書を依頼します。

起床・朝食	出社・予定を確認	資料を作成	ホームページ変更の打ちあわせ
6:30	8:00	8:30	10:00

就寝	帰宅・夕食	退社	商品設計会議	新商品の進捗確認会議	昼食・昼休み
24:00	19:30	17:00	15:00	13:00	12:00

学習を進めるほどレベルアップするなど、学習意欲を高めるゲーム要素をどうとりいれるか、開発チームと打ちあわせをします。

昼食後、ゲームの要素を学習サービスにとりこむために、参考にしているゲームをためしました。

コロナ時代のはたらきかた
あえて議題を決めずに話す時間をつくる

テレワークが基本のはたらきかたになった

　新型コロナウイルスの感染が拡大する前から、リクルートではテレワークがみとめられていて、朝に自宅で集中して仕事をし、一段落してから出社することもありました。感染拡大後は、テレワークが基本となり、出社するときに申請する形式になったことが大きな変化です。

アイデアを広げる場をもうけるようにした

　テレワーク中心となったことで、みんなが打ちあわせ前の準備などを念入りにやるようになり、効率は上がったと感じます。ただ、なにげない会話のなかでおもしろいアイデアを思いつくこともあり、アイデアを広げる場が足りないと感じました。そこで最近は、あえて議題を決めずに議論する時間を定期的にもうけるようにしています。

リクルート執行役員の
山口文洋さんに聞きました

正解のない問いを設定し、どう解決していくかを考えつづける

「圧倒的な当事者意識」でこまっている人によりそう

リクルートは1960年の創業以来、新しい価値を創造することにこだわりつづけてきました。新しい価値を創造するためには、責任感やアイデアよりも、ほんとうにこまっている人の声を集めてみずから問いをつくり、どう解決するかを考える「圧倒的な当事者意識」がもとめられます。

社内ではつねに「きみはどうしたいのか」といった主体性が問われますし、正解のない問いを設定し、どう解決していくかを考えつづける社風があります。その姿勢によって『ゼクシィ』や『スタディサプリ』といった数かずの新規事業を世に出すことができたといえます。

物事を探求した体験が価値ある仕事につながる

主体的に物事を考えぬき新しい価値をつくるためには、ただ知識をつめこむ勉強だけをしていてはいけません。好奇心をもって、物事を探求したという体験があることが大切なのです。探求が進むにつれて、英語を学ぶ必要に気がついたり、歴史を知りたくなったりと、知識欲がわいてくるものです。これが本来の学びのすがたでもあります。リクルートはこうした学びのすがたを社会で実践している集団ともいえるでしょう。

好きなことを追求し、探求した体験が世の中に新しい価値をつくる仕事につながるのです。ぜひ学校の教科学習は効率よく『スタディサプリ』などで学んで、好きなこと、興味があることを探求する学びの時間に多くの時間を費やしてほしいと思います。

東京都の品川区にある新しいオフィスのコンセプトは『CROSS UP』。社員どうしが交差（CROSS）し、スキルアップ（UP）してほしいという願いをこめて設計されています。席が決まっていないフリーアドレス制が中心となっていて、写真のような〝図書館〟もあります。

Life is Tech! ®

ライフイズテック

スクールリーダー
田口峻平さんの仕事

ライフイズテックは東京都港区に本社をかまえ、中学生・高校生向けの IT・プログラミン教育サービス「Life is Tech!」を運営している会社です。ここでは、スクールリーダーとして、授業の運営や管理などを行っている田口峻平さんの仕事をみていきましょう。

ライフイズテック

ライフイズテックは、2011年に運営を開始した、中学生・高校生のためのIT・プログラミング教育サービスです。最新のIT技術やプログラミングに夢中になれるきっかけを提供し、子どもの「創造する力」と「つくる技術」を引きだすことをめざした事業を行っています。

ライフイズテック株式会社
本社所在地 東京都港区　**創業** 2010年　**従業員数** 50名（2020年12月31日現在）

初心者でもアプリやゲームをつくれるようになる
プログラミングスクール

　ライフイズテックのプログラミングスクールでは、iPhoneのアプリ開発、Androidのアプリ開発、ゲーム開発、ウェブデザイン、ウェブのアプリ開発という5つのコースを用意して、プログラミングを教えています。東京都をはじめ、国内に6つの会場があります。近年はオンライン校も開校され、教室の近くに住んでいなくても自宅で授業を受けることができます。

　ただ技術を学ぶだけではなく、デザインや音楽、アニメーションなどのデジタルアートを通じて、「何かを表現する」「社会にかかわる」ことのきっかけとなる場所を提供しています。

▲対面校では、グループに分かれてアプリ開発などをします。わからないことは、メンターとよばれるインストラクターがていねいに教えてくれます。

◀オンライン校では、場所を選ばず、各地の子どもたちが授業を受けられます。なかには海外から参加している生徒もいます。

▲「テックフォーローカル」では、これまで国内各地の20の自治体と連携してきました。技術を身につけた大学生に教えられた地元の子どもが、次の育成者に成長し、継続して地域の人材を育成していくことをめざしています。

企業や学校、地域と協力した
IT教育活動を行う

　これまでに5万2,000人以上の中高生にIT教育をとどけてきた経験をいかし、子どもたちだけでなく、企業や学校、地域社会にもIT教育を広めるための活動を行っています。ITを学びたい学校の先生が、授業の一部を体験できるサービスもそうした活動の一つです。また、地域のなかでITを教えられる人材を育てるため、地域の大学生にITの技術やコミュニケーションのとりかたなどを教える「テックフォーローカル」というプログラムも運営しています。

だれもが楽しむことのできる 4日間の短期集中プログラム

　ライフイズテックのキャンプは、4日間の日程で、プログラミングやデジタルアートを学ぶことができる短期集中プログラムです。これまでに5万2,000人以上の中高生が参加しました。また、全国の中高生を対象に、スマートフォン向けアプリの開発コンテスト「アプリ甲子園」の運営もしています。こうした活動を通して、スクールに通っている子どもたち以外にも、ITやプログラミングの楽しさを知ってもらえる活動を行っています。

▲ 「アプリ甲子園」では、企画力とそれをつくる技術が評価されます。毎年、多くの子どもたちの作品が表彰され、子どもたちの可能性を広げています。

◀キャンプは、各地の大学のキャンパスを借りて行っています。チームに分かれてアプリやゲームをつくり、最終日に発表会を行います。2020年はオンラインによるキャンプも行いました。

▲教材には個性的なオリジナルキャラクターが登場します。キャラクターといっしょにプログラミングを楽しく学んでもらえるようなくふうがされています。

 ライフイズテックの **SDGsトピックス》**

 4 質の高い教育をみんなに

 10 人や国の不平等をなくそう

ガーナの学校にプログラミング教材を提供し子どもたちが未来を切りひらく手助けをする

　ライフイズテックでは、国や地域による教育の格差をなくしていくための活動を行っています。国内でつちかったIT教育のノウハウをいかし、アフリカのガーナの学校に、子どもたちがプログラミングを学ぶための教材を提供しています。提供している教材では、プログラミングと英語を同時に学ぶことができます。また、教える人材の育成にも協力しています。

　ガーナをはじめ、世界の子どもたちがITとプログラミングを通してものづくりを学び、未来を切りひらくことができるように、この活動を広げています。

ガーナの学校で、ライフイズテックのプログラミング教材を使った授業が行われています。また、指導する人の育成にも力を入れています。

ライフイズテック

スクールリーダー
田口峻平さんの仕事

ライフイズテックのプログラミングスクールは、現在、全国6つの会場とオンライン校で、曜日別に21のクラスが開かれています。田口さんは、スクールリーダーとしてすべてのクラスの運営にかかわり、授業内容やクラス運営の方針などを決めています。オンライン校を1クラス担当して授業も行っています。

スクールの方針を決める

■子どもたちが楽しく学べる場をつくる

スクールの目的は、子どもたちがプログラミングの技術を学ぶことで、自分を表現する力などを身につけ、世の中は自分で変えられることを知ることです。それを実感してもらうために、自分でつくったアプリを、じっさいにオンラインストアなどを通じて世の中に配信（リリース）し、その反響をみることを授業の目標にしています。

田口さんは、スクールリーダーとして、子どもたちが目標にたどりつけるよう、授業の構成を考え、より楽しくプログラミングを学べる場をつ

くることを仕事としています。

■それぞれの学期の授業の内容を決める

スクールは半年間で、春学期と秋学期があります。それぞれのクラス編成や授業の内容は、学期がはじまる半年から1年前に決まります。

それぞれのクラスには、クラスマネージャーという責任者がいます。彼らから生徒たちの様子を聞いたり、じっさいにアプリをリリースできて

いる生徒がどのくらいいるかを調べたりして、授業内容を考えます。たとえば、多くの子どもがリリースできるようになっている場合には、作品発表や評価の時間をふやしたりして、カリキュラムなどを調整していきます。

保護者や生徒に答えてもらうアンケートも、授業の内容を検討するための大切な資料です。前学期から改善すべき点も検討して、次の学期の授

授業の方針について、クラスマネージャーとオンラインで話しあい、子どもたちが楽しくとりくめる授業内容を考えます。

業の方針やカリキュラムを決めていきます。

■教科書などの制作方針を決める

スクールではオリジナルの教科書を使用しています。学期に合わせて半年ごとに更新します。田口さんは、よりわかりやすくなるように内容を見なおし、クラスマネージャーなどと相談して、修正の方針を決めます。修正は制作チームに依頼し、できたものをチェックして完成させていきます。

また、授業をはじめる前に生徒全員で行うゲームアクティビティというレクリエーションがあり、その制作にもたずさわっています。どういうテーマがよいか、はやって

ゲームアクティビティで使うスライドのサンプルを見ながら、楽しんでコミュニケーションがとれるか、制作チームと相談します。

いるものは何かなど、制作チームと話しあい、子どもたちが興味をもってとりくめるゲームを考えてもらいます。

■広報チームと協力してスクールの宣伝を行う

たくさんの子どもたちにスクールの生徒になってもらうために、スクールの魅力を発信していく必要があります。

具体的には、ウェブサイトをつくる、パンフレットやチラシを配布する、メールマガジンを配信するなどの方法で宣伝を行います。

田口さんは、いまある広告

の内容や、スクールの状況を検討して、もっと宣伝してほしいことや改善してほしい点などを広報チームに伝えて、新しい広告をつくり発信します。

パンフレットを見ながら、広報チームと、こんどの宣伝の方向性について打ちあわせを行います。

クラスの管理をする

■クラスを担当して授業を行う

クラスの運営には、クラスマネージャーのほかに、副担任の役割をになっているクラスアシスタントや、大学生が中心となってじっさいに子どもたちに教える「メンター」

とよばれる人たちがかかわっています。

田口さんは、自身でも

メンバーインタビュー

オンライン授業の最初に、その日の課題やアクティビティを説明します（右）。グリーンバックにすると、画面では別の背景に合成できます（左）。

オンライン校のクラスマネージャーとして1クラスを担当しています。

■すべてのクラスの運営状況を確認する

いっぽうで、ほかの20クラス分の運営状況の確認・管理をしています。

各クラスの授業がはじまる前に、クラスマネージャーから田口さんに連絡が入ります。田口さんはパソコンでそれぞれのクラスの状況を確認しながら、たとえば校舎での授業の場合、校舎に来ていない生徒がいれば保護者に連絡を入れたり、台風などの災害が近づいているときは、授業の中断や中止の判断をしたりします。また、授業に立ちあって、生徒たちの様子を確認したり、こまっている子がいたら声をかけたりするといったサポートも行っています。

■メンターの教育や指導を行う

スクールでは、子どもたちに教えるメンターが大切な役割を果たしています。メンターへの教育も田口さんの大切な仕事です。授業の目的や進めかたのほか、生徒たちの個性をのばすために、ことば

▲授業の前にメンターとのミーティングがあります。その日の授業の進めかたや注意点などを共有します。

のかけかたや、作品への評価のしかたなど、コミュニケーションのとりかたで気をつけることなども指導します。

授業では、各グループを見まわりながら、気になる生徒がいれば声をかけます。▶

キャンプの進行をする

■キャンプや大会などイベントの運営をする

短期間でプログラミングを学べるキャンプでは、田口さんは、現場の責任者として進行を担当します。

また、各学期の最後に子どもたちの作品を発表する「スクールカップ」という大会を行っており、田口さんは、その運営にかかわっています。

大会では、審査員も担当しています。

◀次回のキャンプに向けて、スケジュールやプログラムの内容を確認します。

ライフイズテックの田口峻平さんに聞きました

インタビュー

子どもたちの成長が
やりがいにつながっています

1987年千葉県生まれ。東京理科大学大学院基礎工学部を卒業後、同大学院に進学。大学院在学中は、人工心臓へのワイヤレス電力伝送を研究していました。その後、ソーシャルゲームの会社ではたらき、あらためて子どもたちの未来にたずさわる仕事をしたいとの思いから、ライフイズテックに転職しました。

家庭と学校以外の
新たな居場所を
提供したい

Q この仕事をしたいと
思ったきっかけは?

　大学院生のときに、メンターになったことがきっかけです。わたしが学生のころは、ちょうど携帯電話やスマートフォンで行うソーシャルゲームが気軽にできるようになりはじめた時代でした。じつをいうと、わたしはITが苦手だったのですが、そうしたゲームにふれるうちに、こんなおもしろいことができるんだと、少しずつITに興味をもちはじめたのです。

　そんなとき、ライフイズテックの前身となった「ピスチャー」という会社と出あいました。メンターとして子どもたちにかかわり、その成長を間近で見ながら「人ってこんなに変われるんだ」と思い

ました。そのときに得た経験が心に残り、この仕事につきたいと思ったのです。

Q この仕事のやりがいはなんですか?

中学生や高校生の変わっていくすがたが見える、成長の手伝いができる、ということです。わたしは以前、大阪校で教えていたのですが、そのときに通ってきてくれていた一人の生徒が、学校には通えていない子でした。しかし、2年ほどスクールに通うなかで、どんどん自信をつけて、表情が明るくなっていき、最後には「学校に行きます」と言ってくれたのです。

何か作品をつくるということは、自分の個性を表に出すということでもあります。自分を表現していくことで自信がつき、性格や考えかたにも変化があらわれてくるのです。

そういう子どもたちのすがたを見ていると、彼らのためにもっとがんばっていこうと思います。

Q 今後の目標について教えてください。

たくさんの子どもたちに、ライフイズテックのスクールに通ってもらうことです。

子どものころは、学校と家庭の2つの世界が大きいものです。学校には居場所がない、でも家族に心配をかけたくない。そういう気持ちをかかえている子もいると思います。スクールはそのどちらでもない場所として、もう一つの居場所になることができればいいなと思っています。

わたしの仕事道具 🔧

ネームタグ

スクールでは、より親しみをもってもらうために、生徒も先生も下の名前やあだ名でよびあうことになっています。そのため、つねに下の名前やあだ名が書かれたネームタグを首からさげているのです。子どもたちとの関係をきずくために、欠かせない道具です。

一問一答 Q&A

Q 小さいころになりたかった職業は?
プロ野球選手

Q 小・中学生のころ得意だった科目は?
体育

Q 小・中学生のころ苦手だった科目は?
国語

Q 会ってみたい人は?
吉田松陰、高杉晋作（幕末・長州藩の志士）

Q 好きな食べものは?
焼き肉

Q 仕事の気分転換にしていることは?
散歩

Q 1か月休みがあったら何をしたいですか?
スキー場で生活する

Q 会社でいちばん自慢できることは?
中高生の可能性がのびるIT教育に本気でとりくみ全力で行っているところ

ライフイズテックではたらく 田口峻平（たぐちしゅんぺい）さんの一日

イベントの運営を行っているチームや制作チームとミーティングを行います。細かい打ちあわせを、短い時間でいくつもこなす日もあります。

ミーティングが多いので、その日の予定を確認して、準備をします。

オンラインで、ほかのスクールマネージャーと、今日の授業内容に関するミーティングを行います。

起床・朝食	出社	ミーティング	昼食	ミーティング
8:00	10:00	10:30	12:00	13:00

就寝	帰宅・夕食	退社	授業後のミーティング	授業スタート	授業前のミーティング	授業の準備
24:00	22:30	22:00	21:30	18:00	17:30	16:00

その日の授業で気になったことや、次の授業で改善するべきことなどを話しあいます。

オンライン授業のための機材の準備をしています。音や映像に問題がないかもチェックします。

コロナ時代のはたらきかた　日本や世界の各地から子どもたちの参加が可能に

オンライン校の開校を進める

新型コロナウイルスの流行で、生徒たちが校舎に通うことがむずかしくなり、わたしたちもオンラインでのやりとりが中心となりました。そこで、オンラインでできることをしようと、オンライン校の開校をいっきに進めることになりました。

地域を限定しないスクール体験をとどける

以前、九州に開いたスクールが経営難で閉校となり、くやしかったのですが、オンライン校の開校で、そのとき通っていた生徒たちがまた受講できるようになりました。海外から参加してくれている子もいます。

わたしたちだからできることを考えて、地域を限定せず、日本じゅうや世界の子どもたちにスクールでの体験をとどけられるようになってよかったです。

ライフイズテック社長の
水野雄介さんに聞きました

子どもたちの才能をのばすために
未来の教育を自分たちの手でつくる

子どもたちの可能性をのばせる会社に

会社を立ちあげるきっかけは、「子どもひとりひとりがもつ可能性を、最大限のばせる社会をつくりたい」という思いでした。いまの子どもたちは、生まれたときからデジタル技術に親しみ、ITは身近な存在となっています。新しいツールや技術への理解も早く、おとなの想像をはるかにこえた成長を見せてくれます。

そうした、子どもたちの才能や能力をのばしていくために、わたしたちは「未来の教育を自分たちの手でつくっていく」という目標をかかげ、くふうや努力を重ねています。そうした強い意思のあるメンバーが、スクールの運営にたずさわっています。

ITやエンタメの力で日本の教育をよくしたい

プログラミングやAIの技術は、日本の技術革新にとって重要な分野で、子どもたちの教育のなかでも、重要性がましています。近年では、一人一台タブレットやパソコンを導入する学校がふえ、今後数年で、さらに大きく学校の教育環境は変わるでしょう。

ライフイズテックでは、プログラミングスクールやキャンプの開催だけでなく、学校や地域に向けた教材をもっとおおぜいの人にとどけていくとともに、ITとエンターテイメントの力を使って、日本の教育をもっとよくしていくチャレンジをつづけていきます。

みなさんには、デザインやプログラミングといった、クリエイティブな力を身につけて、これからの社会を変えていくための力を養ってほしいと思っています。

オフィスのなかにある漫画専用の本だなです。ライフイズテックでは、入社のときに、スタッフそれぞれのお気にいりの漫画を会社が用意するというルールがあります。おたがいの好きなものが共有できて、子どもたちとのコミュニケーションツールにもなっています。

スイッチエデュケーション

代表取締役社長
小室真紀さんの仕事

スイッチエデュケーションは東京都新宿区で、「micro:bit」を中心としたデジタル教材を開発、販売する会社です。ここでは会社を経営し、すべての子どもに STEAM 教育を広める活動を行っている、社長の小室真紀さんの仕事をみていきましょう。

スイッチエデュケーション

スイッチエデュケーションは、イギリスで開発された子ども向けのマイコンボード*¹「micro：bit」を販売している日本で唯一の会社です。「micro：bit」を活用したSTEAM教育*²を広めるため、関連した教材の開発やワークショップの開催なども行っています。

株式会社スイッチエデュケーション
本社所在地 東京都新宿区　**創業** 2017年　**従業員数** 4名（2020年11月30日現在）

イギリス生まれのマイコンボード
「micro：bit」を日本で唯一販売する

　スイッチエデュケーションは、てのひらサイズの小さなコンピューター「micro：bit」の販売を日本で唯一許可されています。「micro：bit」はイギリスの公共放送局BBC（英国放送協会）が、プログラミング教育普及のために開発した安価な教材です。プログラミングの初心者に適した教材で、子どもたちが論理的な思考を身につけられるようにデザインされています。

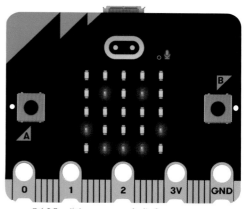

▲「micro：bit」には、地磁気や加速度などを感知するさまざまなセンサーがついています。パソコンにつないでプログラムを書きこむことで、LEDライトが光ったり、明るさやゆれ、かたむきによって反応したりします。

▶コミカルな動きがかわいい6足歩行ロボット「プログラミング・フォロ for micro：bit」。micro：bitでプログラミングをすることで、障がい物をさけて歩いたり、動いているものについていったりします。

◀光るペンライト（上）や動くネコミミ（下）など、子どもたちがつくって楽しい、くふうしたいと思える遊び心のある教材づくりをしています。

「micro：bit」をつないで遊べる
モジュールを開発

　子どもたちに、「micro：bit」を使ってどのようなものづくりができるのかを知ってもらうため、「micro：bit」を使った教材を開発しています。教材はすべて、子どもたちひとりひとりが自由に考えて、くふうしてつくることができます。スイッチエデュケーションでは、こうした教材を提供して科学のおもしろさを味わってもらい、「すべての子どもたちが科学で遊ぶ世界」をつくっていきたいと考えています。この活動は、STEAM教育の普及にもつながっています。

*1　かんたんなマイクロコンピューターのことで、むきだしのプリント基板（ボード）に、電子部品と入出力装置などをつけたものです。

「micro：bit」を使った
ワークショップを企画・運営

　「micro：bit」の使い方を教えるために定期的に
ワークショップを開いています。講師は子どもたち
といっしょにものづくりを行い、はじめて電子工作
をする子どもたちに不安を感じさせないようにくふ
うをしています。最後に作品の発表の場をもうけて、
人前でのプレゼンテーションを経験する機会も提供
しています。

▲ラジコンロボットの工作のあとにロボットサッカーの試合を
開催しました。ワークショップでは、工作したあとにひとりひ
とりが作品を発表したり、ゲームをしたりします。

◀教材を販売する会社に向けてもワークショップを
開いています。「micro：bit」の機能をじっさいに
体験してもらい、学校に売りこむ営業に役だててて
もらいます。

スイッチエデュケーションの
SDGsトピックス≫

4 質の高い教育を
みんなに

「micro：bit」を使ったプログラミング教育で、
学びかたの選択肢をふやす

　2020年4月から、小学校でプログラミング教育が必
修となりました。現在の学校教育は、先生が教えること
を子どもが聞いて学ぶという受け身的な授業になりがち
です。いっぽう、プログラミング教育では、課題に対し
てどのように向きあい解決すればよいかを、子どもが自
分で考えることで、「論理的思考」や「問題解決能力」
をみがくことができます。スイッチエデュケーションで
は、「micro：bit」を使ったプログラミング教育を学校
にとりいれてもらい、子どもたちの学びかたの選択肢を
ふやしていけるよう、積極的にはたらきかけています。

プログラミング教育にふれたことがない先生でも、
「micro：bit」を授業にとりいれやすいよう、学校の
教職員向けにワークショップを開いています。

＊2 「STEAM」は、Science（科学）、Technology（技術）、Engineering（工学）、Art（アート・芸術）、Mathematics（数学）
の頭文字をとった造語で、これらを各教科の学習とかけあわせていろいろな課題を解決しようとする教育方法です。

スイッチエデュケーション

代表取締役社長
小室真紀（こむろまき）さんの仕事

小室さんは、「micro:bit」を使ったプログラミングで「STEAM教育」を広め、子どもたちの学びの選択肢を広げたいと会社を立ちあげました。STEAM教育を多くの人たちに知ってもらうための講演活動を行ったり、開発した教材の魅力を伝える活動をしたりして、会社を運営しています。

ＳＴＥＡＭ教育を広める

■STEAM教育ができる環境を広げる

小室さんは、プログラミングが手軽にできる子ども向けマイコンボード「micro:bit」を使ったSTEAM教育を、教育現場に広げる活動をしています。

STEAM教育では、子どもたちが課題を解決するために、知識と技術をかけあわせて考え、実践することで、学びの選択肢をふやすことをめざしています。

たとえば、「リレーのバトンをスムーズにわたせるようになりたい」と思ったとき、練習を重ねることも学びの一つですが、デジタルの技術を使って、「バトンをスムーズにわたせたかどうかを計測できる電子バトンをつくる」という案をためすことも学びです。このように、知識と技術をかけあわせて解決できるようにみちびくのです。

■STEAM教育の必要性を伝える

小室さんは「micro:bit」などの教材の売れゆきから、社会におけるSTEAM教育の注目度を分析しています。また子ども向けにワークショップを開いたり、みずから学校で教えたりしているため、教育現場の様子もつかんでいます。STEAM教育が注目されているいま、小室さんは現場を知る専門家として、その必要性を理解してもらうための活動をつづけています。

大学で開催されたプログラミング教育の討論会で、「micro:bit」を活用した現場の声を伝えました。

ワークショップの企画運営（きかくうんえい）は社員が中心となって行っていますが、小室さんも参加し、子どもたちの反応（はんのう）をみます。

STEAM教育を広めるためには、まずそれを教えるおとなに理解してもらうことが必要です。小室さんは、学校の教職員（きょうしょくいん）など、子どもに指導（しどう）をする人たちに、STEAM教育の必要性を伝える講演活動（こうえん）を行っています。

講演では、STEAM教育の方法について伝えたり、教育の専門家と対談を行ったりするほか、小学校の現場で、「micro：bit」をどう活用しているのか、全国の事例や教育現場からの声を紹介（しょうかい）したりもします。また、雑誌（ざっし）や本などのメディアで発信することもあります。

■会社の顔として
　商品などを宣伝（せんでん）する

STEAM教育を実践する手段（しゅだん）となる、会社の商品やサービスについての情報（じょうほう）を発信するのも、小室さんの仕事です。

たとえば、メディア向けに新商品やサービスを伝えるプレスリリースを書いたり、SNS（エスエスエス）*1を利用して商品の情報を発信したりしています。また、開発した教材の使いかたを撮影（さつえい）し、YouTube（ユーチューブ）に動画を投稿（とうこう）することもあります。

教材の組みたてかたの動画を撮影（さつえい）しています。解説（かいせつ）から動画編集（へんしゅう）、投稿（とうこう）まで、一人（ひとり）でなんでもこなします。

海外の動きに目を向ける

■新しい商品をいちはやく
　販売（はんばい）できるようにする

小室（こむろ）さんは、「micro：bit（マイクロ　ビット）」をつくっているイギリスのBBC（ビービーシー）の教育財団（きょういくざいだん）*2と連絡（れんらく）をとりあっています。たとえば、機能（きのう）が追加された新しい「micro：bit」が発売されるという情報（じょうほう）を得（え）たら、サンプルをいちはやくもらえるよう交渉（こうしょう）し、日本での販売やそれを使った教材開発を進められるように準備（じゅんび）を整えます。

■世界じゅうの会社と
　協力して活動を広げる

世界の「micro：bit」にかかわる会社と協力して、その楽しさを広げていきたいと小

*1　LINE（ライン）やInstagram（インスタグラム）など、インターネット上で多くの人と情報（じょうほう）をやりとりする手段（しゅだん）です。
*2　「micro：bit（マイクロ　ビット）」はBBC（ビービーシー）（英国放送協会）が主体（しゅたい）となって開発されました。

41

室さんは考えています。

イギリスで「micro：bit」を使ったイベントを開催するという情報を知ると、日本でも同じようにイベントを開催するなどして、いっしょにイベントをもりあげます。

香港で「micro：bit」を販売する教材会社と協力してアジアに「micro：bit」を広める活動も行っています。欧米だけでなく、子どもをエンジニアに育てたい保護者が多いアジアの各国でも、STEAM教育は注目されているのです。おたがいの国の教育活動を紹介しあうなどのとりくみも行っています。

▲香港の教材会社と、次に開催するイベントについてオンライン会議をします。日本との時差があまりないため、時間を気にせず打ちあわせができます。

会社の利益を上げる

社員といっしょに、倉庫で教材の在庫を確認します。

■年間計画を立ててお金の管理をする

会社の事業を管理し、利益を出すことは、会社を経営する社長の大切な仕事です。

小室さんは、会社の年間計画を立てて、「micro：bit」の販売数や教材の開発予定、そのための人材や、お金がいくら必要かといった事業計画を作成します。

■利益を上げられるよう商品を確認する

スイッチエデュケーションのほかにも、さまざまな会社がプログラミング教育の教材開発にとりくんでいます。そのなかで、他社よりよい教材をつくって会社の利益を上げなければなりません。

小室さんは経営者の立場から、開発した教材が、子どもたちが組みたてて終わりではなく、くふうをしながら継続して楽しめるものになって

いるかなど、魅力のある教材になっているかを確認します。

■社員の業務や健康を管理する

社員の業務や健康を管理するのも大事な仕事です。社員の仕事をみて、むりをしていないかなど確認します。問題があったときは、必要におうじて解決策を考え、指示を出します。社員がスムーズに仕事ができるように、環境を整えることも大切な仕事です。

開発した6足歩行ロボットの動作を確認します。子どもたちが喜びそうなコミカルな動きができ「これは売れる」と太鼓判をおしました。
▼

スイッチエデュケーションの小室真紀^{こむろまき}さんに聞きました

すべての子どもたちに STEAM教育を広めていきたい

インタビュー

1984年愛媛県新居浜市生まれ。大学院では、紫外線を浴びた量におうじたスキンケアを提案するシステムを開発しました。2012年に、スイッチエデュケーションのグループ会社となる株式会社スイッチサイエンスに入社。社長の後おしもあり、2017年に、「micro：bit」をあつかうスイッチエデュケーションを立ちあげました。

学校教育に「micro：bit」を普及させたい

Q なぜ会社を立ちあげようと思ったのですか？

前の会社、スイッチサイエンスではたらいているときに、「micro：bit」が販売されるという情報をつかみ、子ども向けのサービスをはじめたいと思ったのがきっかけです。スイッチサイエンスのお客さまは、電子工作を趣味とするおとなが中心で、子ども向けの事業はありませんでした。そこで別の会社をおこしたほうがいいと、熱く語ったところ、社長が後おししてくれたのです。

Q 社長になっておどろいたことは？

会社を立ちあげた初年度は赤字でしたが、赤字でも会社はすぐに倒産しないことにびっくりしました。いっぽう、

43

会社が黒字でも、現金がなければ販売する商品が購入できず、倒産してしまうことも知りました。お金のやりくりのたいへんさを実感しています。

Q これまででうれしかったことはなんですか？

会社を立ちあげて2年めで黒字になり、税金もはらえるようになったことです。それは世間が会社をみとめてくれた証拠でもあります。いつも税理士さんが会社の経営状況をみて、「今年は調子がよい」とほめてくれるのです。すると「来年もがんばろう」という気持ちになります。

Q 今後会社をどうしていきたいですか？

正直まよっているところです。いま、プログラミング教育で世界がもりあがっていますが、この状況がずっとつづくわけではありません。つづいたとしても、日本の教育現場では、まだSTEAM教育を行うための環境が整っていないため、わたしが理想とする「STEAM教育をすべての子どもたちが受けられる状態」になるのはまだ先のことになると思います。

ですから、たくさん商品を売ってSTEAM教育を広めればいいのか、それともたくさんワークショップを開いてつくる楽しみを伝えたほうがいいのか、どちらに軸足を置くかまよっています。いまはあまり先のことを考えず、教育の現場に「micro：bit」を普及させる努力を全力でしていきたいと思っています。

わたしの仕事道具 🔧

「micro：bit」とモジュール

いつでもどこでも「micro：bit」を紹介できるようにもちあるいています。モジュールを「micro：bit」本体につなげることでさまざまな機能を拡張できます。「micro：bit」の新しいバージョンにはスピーカー機能がついていて、音を鳴らすことができます。ワークショップで音を出すと、子どもたちからどよめきが上がります。

―― モジュール

一問一答 Q&A

Q 小さいころになりたかった職業は？	Q 好きな食べものは？
学校の先生	ハンバーグ
Q 小・中学生のころ得意だった科目は？	Q 仕事の気分転換にしていることは？
英語	ネコをなでる
Q 小・中学生のころ苦手だった科目は？	Q 1か月休みがあったら何をしたいですか？
美術	イギリスに行きたい
Q 会ってみたい人は？	Q 会社でいちばん自慢できることは？
伊能忠敬（江戸時代、日本全国を測量した人）	子育てがしやすい環境で、融通がきくところ

スイッチエデュケーションではたらく
小室真紀さんの一日

スタート！

いまは基本的にテレワーク（在宅勤務）です。子どもを7時に起こしてから朝食をとり、8時に子どもが学校に行くまでに、家事などをすませます。

子どもを送ったあと、自宅でエクササイズ。ボクシングのエクササイズゲームであせを流します。

起床	子どもを起こす・朝食	子どもを送る・自宅でエクササイズ	仕事開始・メールチェック	香港の教材会社とのオンライン会議
6:30	7:00	8:00	10:00	11:00

23:00	21:00	19:00	17:30	14:30	14:00	13:00
就寝	仕事再開	夕食・入浴	メールチェック	試作品のモニタリング	子どもをむかえにいく	昼食

子どもをねかしつけたら、仕事を再開。ウェブマガジンにのせる原稿を執筆しました。

試作品の使い勝手をためすため、じっさいに子どもに遊んでもらって検証します。楽しそうに熱中しているすがたを見ると「会社を立ちあげてよかった」とやりがいを感じます。

コロナ時代のはたらきかた ## 行間の思いをはっきりことばにすることが大事

チャットで意識的にコミュニケーションをとる

　新型コロナウイルスの流行後、会社に出社しなくなったため意識的に社員とコミュニケーションをとるよう心がけています。社内でかわしていた会話はオンラインチャットで代用し、思いついたことはなんでも書きこむようにしています。

急ぎの用件かどうかきちんと伝える

　そのときに注意しているのは、行間も正しく伝えることです。たとえば、思いつきのアイデアであれば、「ちょっと思いついたことだけど」とそれがわかる前置きを入れ、急いでほしいときは「○日までにお願い」としめきりを書きこみます。

　対面であれば伝わる行間の思いをはっきりとことばにすることで、相手に誤解をあたえないよう気をつけています。

スイッチエデュケーション社長の
小室真紀さんに聞きました
こむろ まき

自分が「ものづくり」を楽しみ、
その楽しさを子どもたちに伝える

情熱をもってはたらく
社員を大切にする

　スイッチエデュケーションでは、すべての子どもたちがSTEAM教育を受けられることを目標に、社員4名で力を合わせて仕事をしています。まだ創業したばかりで、社員ひとりひとりが情熱をもって仕事をしています。そのすがたがうれしい半面、社員はついついはたらきすぎてしまうので、社員の仕事量をみて、健康にも気をつけてもらうように注意をしています。

「ものづくり」を楽しみ
その楽しさを伝える

　社員はみな、とにかくなにかをつくって遊ぶのが大好きです。つくってはなおしつくってはなおしといった作業をいやがらず、むしろ楽しんでやっています。

　また、自分がものづくりを楽しむだけでなく、つくる喜びを子どもたちに伝えることも大好きです。そこがスイッチエデュケーションらしさといえるでしょう。ものづくりとその楽しさを人に伝えること、どちらも得意な人とぜひいっしょにはたらきたいです。

おとなが喜ぶことより、
自分の気持ちを大切に

　最近の子どもたちは、みんな素直でいい子ですが、自分がほんとうにしたいことではなく、おとなに喜んでもらいたくて何かをする子どもが多いと感じています。もっと「自分が楽しみたい」「やってみたい」といった気持ちを大切にしてほしいです。

　いまの仕事が、こうした子どもたちの内面にあるエネルギーを引きだすことにつながると信じて、毎日がんばっています。

新型コロナウイルスの感染拡大で、2020年はできませんでしたが、「micro:bit」のファンをまねいたイベントを行っています。写真はBBCの教育財団の代表をまねいて行ったハロウィンイベントの様子です。

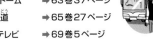

■取材協力

株式会社 スイッチエデュケーション

株式会社 リクルート

東京書籍 株式会社

ライフイズテック 株式会社

■スタッフ

編集・執筆	青木一恵
	大宮耕一
	田口純子
	前田登和子
撮影	糸井康友
	大森裕之
校正	菅村薫
	渡辺三千代
デザイン	sheets-design
編集・制作	株式会社 桂樹社グループ

デジタル教育にかかわる会社 **75**

東京書籍・リクルート・ライフイズテック・スイッチエデュケーション

発行　2021年4月　第1刷

発行者　千葉 均

編集　柾屋 洋子

発行所　株式会社 ポプラ社

〒102-8519

東京都千代田区麹町4-2-6

ホームページ　www.poplar.co.jp

印刷・製本　大日本印刷株式会社

ISBN978-4-591-16942-1

N.D.C.366　47p　27cm

Printed in Japan

ポプラ社はチャイルドラインを応援しています

18さいまでの子どもがかけるでんわ

チャイルドライン®

0120-99-7777

毎日午後**4**時〜午後**9**時 ※12/29〜1/3はお休み

電話代はかかりません 携帯(スマホ)OK

18さいまでの子どもがかける子ども専用電話です。
困っているとき、悩んでいるとき、うれしいとき、
なんとなく誰かと話したいとき、かけてみてください。
お説教はしません。ちょっと言いにくいことでも
名前は言わなくてもいいので、安心して話してください。
あなたの気持ちを大切に、どんなことでもいっしょに考えます。

チャット相談は
こちらから

仕事の現場に完全密着！
取材にもとづいた臨場感と説得力!!

職場体験完全ガイド

N.D.C.366（職業）

全75巻